AF501005

RÉPONSE
DE M. KEYSER
A L'AUTEUR ANONYME
D'UN LIVRE INTITULÉ:

TRAITÉ DES TUMEURS ET ULCERES,

Deux Volumes in-12.

Chez CAVELIER, Libraire à Paris.

M. DCC. LIX.

RÉPONSE DE M. KEYSER

A l'Auteur anonyme d'un Livre intitulé : *Traité des Tumeurs & Ulceres*, deux volumes in-12, chez CAVELIER, Libraire à Paris.

Il vient de paroître dans le Public un Ouvrage qui a pour titre : *Traité des Tumeurs & Ulceres*, à la fin duquel l'Auteur parlant de plusieurs remedes, dont il donne la composition, attaque le mien qu'il dit connoître & dont il ne se doute pas sur trois objets différens ; sçavoir, sa composition, ses effets, & son insuffisance. J'avois cru jusqu'à ce jour avoir exactement satisfait à mes engagemens envers le Public, en lui annonçant régulierement tous les deux mois, par la voie du Mercure de France, tout ce qui s'est passé à Paris, & dans les Provinces, à l'occasion d'un Remede trop connu & trop étendu aujourd'hui, pour que l'on ait lieu de l'attaquer aussi légerement & sans le connoître. Je m'étois flatté que trois à quatre cens Soldats traités & bien guéris, sans qu'il en soit mort un seul dans l'Hôpital qu'il a plu à Monseigneur le Maréchal Duc de Biron, d'établir en leur faveur, & sans qu'il soit arrivé à aucun le moindre des accidens fâcheux que l'Anonyme me reproche, j'avois cru que plus de trois milles cures opérées ici, & dans les principales Villes du Royaume, annoncées & appuyées des Certificats les plus authentiques, qu'une correspondance établie avec plus de soixante des plus habiles Médecins & Chirurgiens du Royaume. J'avois cru, dis-je, que tant de témoins vivans & non-suspects, de tout ce que l'humanité a retiré d'avantage de ce Remede, devoit me mettre, à l'avenir, à l'abri de nouvelles attaques, & c'est avec la plus sensible douleur que je me trouve encore forcé de me défendre, & de répondre à de nouvelles imputations qui, de toutes celles qui m'ont été faites jusqu'à présent, sont, j'ose le dire, les plus injustes & les plus légeres. L'Anonyme ayant, à ce sujet, donné une confiance un peu trop aveugle à un homme qui avoit fait de mon Remede l'expérience la plus superficielle, je dis que ces imputations sont injustes, parce qu'elles peuvent nuire au bien général, & qu'il n'est pas douteux qu'elles n'ayent eu pour objet celui d'effrayer le Public mal à propos & injustement, sans aucune réalité, & sans connoissance de cause.

Je dis légeres, parce que les raisons que l'Anonyme donne pour appuyer ses conjectures, démontrent clairement à toutes les personnes de l'Art, qui voudront approfondir & juger impartialement, que la personne, à l'expérience duquel il s'en est rapporté, ou n'avoit aucune connoissance de Chymie, ou n'en avoit parlé qu'au hazard, sans avoir prétendu faire une analyse réelle. Il s'agit ici de faits. C'est par les propres raisons de l'Anonyme que je vais détruire ses conjectures. Je prouverai tout ce que j'avance, & j'en appelle à tous les Chymistes de l'Europe.

PREMIERE IMPUTATION sur la composition du Remede.

L'Anonyme prétend qu'il doit entrer dans mon Remede du Sublimé corrosif, parce qu'un Médecin, homme de mérite & fort instruit; lui a dit avoir fait chauffer une pelle, avoir mis dessus une pincée de ma poudre, en même tems une pareille quantité de Précipité blanc, & autant de Précipité rouge. Qu'alors ma poudre s'exhala & se dissipa par la chaleur de la pelle, tandis que les Précipités resterent sans aucune diminution apparente. Par ce raisonnement il conclud que ma poudre n'est point un Précipité de Mercure, parce qu'elle n'en a pas la fixité, & qu'elle doit être un Sublimé, parce qu'elle s'exhale facilement. Il ajoûte que ce n'est point un Sublimé doux, parce que les doses que je prescris sont trop petites pour donner lieu à ce soupçon. Qu'enfin ce ne peut être qu'un Sublimé corrosif. Telles sont les conséquences que l'Anonyme tire des expériences dont on lui a rendu compte.

Or comme je me trouve, par tous ces raisonnemens publiés, malheureusement pour moi, dans un Ouvrage déjà rapidement étendu, forcé de détruire les fâcheuses impressions que l'Anonyme a pû laisser contre mon Remede, je supplie le Public d'examiner avec attention mes objets de défense, d'être persuadé que tout ce que je vais lui exposer est dans la plus exacte vérité, & que ce ne sera jamais que par des faits & des preuves authentiques, ainsi que je l'ai fait jusqu'à présent, que je continuerai à me défendre.

En conséquence, dès que j'appris que l'on m'attaquoit aussi vivement, je n'eus rien de plus pressé que de prier, par la voie du Mercure de France, mois d'Avril 1759, tous mes Correspondans, qui sont depuis deux ans & plus en possession de mon Remede, de faire décomposer dans les lieux de leur résidence, une portion de ce qu'ils en avoient ; ce qu'ils ont bien voulu faire ; & au moyen de quoi je me trouve en état de donner au Public les diverses Analyses qui m'ont été envoyées ainsi que les Certificats ci-joints, par lesquels on verra que mon Remede est incapable de produire aucun effet dangereux, & qu'il ne contient pas un atôme de Sublimé corrosif.

J'ajoûterai de plus, que sur cet écrit, qui étonna singuliérement Monseigneur le Maréchal Duc de Biron, quoique persuadé du contraire, tant par la connoissance qu'il a de la composition du Remede, que par la supposition des mauvais effets que l'Anonyme lui prête, Mondit Seigneur résolut de faire faire sur le champ des Analyses exactes de mon Remede, & choisit à ce sujet des personnes d'une ſcience & d'une probité reconnue ; & afin qu'il ne pût ſe tenir certains mauvais propos qu'on avoit déjà malignement imaginé, comme, par exemple, de dire que je ne donnois pas pour être analyſée la même poudre avec laquelle je traitois mes malades, Mondit Seigneur ſe tranſporta lui-même à ſon Hôpital, y prit, en préſence de Meſſieurs Boyer, Vandermonde, Guérin, Daſte, Louis, Bourbelain, Piat & Cadet, une quantité de la poudre & des dragées qui ſervent au traitement de ſes Soldats, la fit cacheter du cachet de M. Boyer, Docteur en Médecine, en donna aux Sieurs Piat & Cadet une partie pour en faire l'Analyſe, & fit diſtribuer à Meſſieurs Vandermonde & Louis, une ſeconde partie, en réſervant le paquet cacheté pour le préſenter à l'Académie des Sciences, ou en faire tel autre uſage qui paroîtroit néceſſaire ; c'eſt-à-dire, en employer moitié à l'Analyſe, & l'autre à traiter publiquement & ſous les yeux de tels Commiſſaires qu'il voudroit bien demander, un certain nombre de malades. Cette ſage précaution ſert de garant au Public de la fidélité de mes opérations, & diſſipe en un inſtant tous les mauvais propos que mes Adverſaires vouloient déjà inſinuer à cet égard.

CERTIFICAT

De M. BOYER, Chevalier de l'Ordre du Roi; Doyen de la Faculté de Médecine de Paris.

JE soussigné Chevalier de l'Ordre du Roi, Médecin Ordinaire de Sa Majesté, Inspecteur des Hôpitaux Militaires, Censeur Royal & Doyen en charge de la Faculté de Médecine en l'Université de Paris. Certifie que les deux pacquets souscrits de moi & scellés du sceau de mes armes, contiennent, l'un quatre onces de la poudre, dont le sieur Keyser forme ses Dragées Anti-veneriennes, l'autre des Dragées du même Auteur toutes formées & renfermées dans une boëte. Que ladite poudre & les Dragées ont été remises par le sieur S. Martin, Sergent au Régiment des Gardes Françoises, commis & demeurant à l'Hôpital établi au Faubourg Saint Jacques, par Monseigneur le Maréchal Duc de Biron, lequel Sergent, est chargé, depuis l'établissement de l'Hôpital, de la garde & distribution du Remede: pour les Soldats que mondit Seigneur Maréchal y fait traiter depuis quatre ans avec succès.

Je certifie de plus, qu'il a été donné une once de la même poudre à Messieurs de Vandermonde, Docteur Régent de la Faculté de Médecine de Paris, &c. à M. Louis, Chirurgien Major de la Charité, & à Messieurs Piat & Cadet, Maîtres Apoticaires associés, en présence de M. Bretonnier, Prévôt Général du Régiment des Gardes Françoises, de M. Guerin, Chirurgien Ma-

jor des Mousquetaires, & de Messieurs Daste & Bourdelain, Maîtres en Chirurgie, afin que chacun de ces Messieurs en particuliers, pût examiner ladite poudre: & traiter, si bon leurs semble, des malades attaqués de la maladie Vénérienne, en formant eux-mêmes avec ladite poudre des dragées, dont le sieur Keyser, ici présent, leurs a donné la composition & indiqué le mélange, qui consiste à mettre cette poudre impalpable sur le porphire, à l'humecter avec du Vinaigre distilé, en la broyant avec la molette; & enfin avec la manne en larme avec laquelle on l'incorpore exactement, jusqu'à ce que tout ait acquis une consistence propre à en former des dragées, avec un cornet & du poids de quatre grains chacune, que l'on sâupoudre ensuite avec du sucre bien tamisé; afin qu'elles ne s'attachent pas ensemble ni à la boëte, dans laquelle on les enferme; donnant en même tems la maniere de s'en servir aux personnes de la profession qui ne la sçavoient pas. Toutes ces précautions ont été prises afin de n'être pas trompés sur la similitude du Remede, qui est exactement le même, dont le sieur Keyser se sert avec succès depuis quatre ans dans l'Hôpital de M. le Maréchal de Biron, ainsi que je viens de le dire; & le tout s'est passé en présence de mondit Seigneur le Maréchal. En foi de quoi, j'ai signé le présent certificat, à Paris le 25 Mai 1759. Signé BOYER.

ANALYSE

De Messieurs PIAT *&* CADET, *Maîtres Apoticaires Associés, à Paris.*

LA Poudre dont M. Keyser, compose ses Dragées Antivénériennes est d'un blanc sale. Elle blanchit l'or & le cuivre; lorsqu'on les frotte avec cette Poudre. Ce qui peut servir à prouver qu'elle est une composition mercurielle. La premiere impression qu'elle laisse sur la langue, lorsqu'on la goute n'est presque pas sensible ; mais peu après, il reste dans la bouche un gout fade & métallique, qui ne se détruit qu'avec peine. Cette Poudre mise & agitée dans de l'eau chaude se colore en un jaune sale, cette couleur jaune nous ayant fait soupçonner dans cette poudre l'acide vitriolique, uni au Mercure, nous l'avons comparée au Turbith Minéral & nous en avons fait l'expérience suivante.

Nous avons pris un demi gros de la Poudre de M. Keyser, nous l'avons mis dans une petite cuilliere de fer ; cette cuilliere a été exposée sur des charbons ardens ; quelques minuttes après, lorsque la cuilliere a commencé à s'échauffer, nous en avons vu s'élever des vapeurs, & dans le même tems, nous avons remarqué que la surface interne de la cuilliere, étoit garnie de petits globules de Mercure, que le feu faisoit aussitôt disparoître. Alors nous avons apperçu dans la cuilliere une matiere noire qui a pris feu, comme auroit fait de l'amadoue, & qui a laissé une poudre de couleur de Saffran de Mars.

Surpris de cette couleur, nous imaginâmes devoir l'attribuer à quelques portions de fer que la partie saline de la Poudre auroit pénétré & reduit à l'etat de chaux. Nous répétâmes l'expérience dans une capsule de verre, & nous y reconnûmes les mêmes phénomenes que dans la cuilliere de fer. Le Turbith Mineral a été éprouvé de la même maniere; dans le même tems & au même feu. Nous n'y avons observé autre chose, sinon, que sa couleur s'est foncée au rouge du minium, jetté alors sur un marbre, il a repris sa premiere couleur jaune en refroidissant.

Cette expérience toute simple qu'elle est, fait voir la volatilité de la Poudre de M. Keyser, & la fixité du Turbith Mineral. Elle prouve aussi que cette Poudre n'est pas du Turbith.

Nous avons pris deux gros de la Poudre, nous les avons mis dans un matras d'Italie, nous avons versé par-dessus deux onces d'eau distillée. Le matras a été exposé au feu pendant sept à huit minutes, ayant soin de l'agiter, pour empêcher que la Poudre ne se précipitat au fonds. Le mélange en bouillant s'est élevé subitement jusqu'au col du matras, & nous en avons vu sortir une quantité de grosses bulles d'air.

Quoique l'eau fut chaude, l'orsque nous l'avons versé sur la Poudre, elle ne lui a fait contracter aucune nuance de jaune. Le bulition n'en apas fait d'avantage; mais au lieu de devenir jaune, elle a pris une couleur cendrée. Cette variété doit paroître d'autant plus étonnante que nous venons de dire, qu'il suffisoit d'agiter cette poudre dans de l'eau chaude, pour lui donner la couleur jaune.

Intrigués de cette contradiction & ne pouvant en deviner la cause, nous avons repeté différens mélanges, qui nous ont appris que l'eau chaude & la froide opere de la même maniere sur cette Poudre, c'est-à-dire, que si l'on y verse une petite quantité d'eau proportionnée froide ou chaude, on n'obtiendra pas la couleur jaune. Mais que cette couleur se manifestera telle que nous l'avons annoncé d'abord, si l'on emploie une grande quantité d'eau; nous n'entreprenons pas de donner raison de ce phenomene. Nous nous contentons de le rapporter.

Le mélange, après avoir bouilli comme nous venons de le dire, a été jetté sur un filtre, la Poudre restante ayant été sechée dans le filtre même, a une douce chaleur, a pesé un gros & quarante-huit grains.

La liqueur filtrée étoit limpide & sans couleur, la dégustation nous y a fait reconnoître un gout semblable à celui d'une eau mercurielle affoiblie. Ce qui nous a donné lieu de croire qu'elle étoit chargée d'un sel quelconque uni à du mercure; cette liqueur évaporée jusqu'à un certain point dans une capsule de verre, à la chaleur du Bain-Marie a fourni un sel neigeux & argentin, qui dissout dans l'eau distillée a donné avec l'alkaly fixe un précipité jaune citron, & avec l'alkaly volatil, un précipité gris d'ardoise.

Voulant faire la comparaison de ce sel avec le sublimé corrosif, nous avons dissout de ce dernier dans de l'eau distilée. L'alkaly fixe versé dans cette dissolution a produit un précipité rouge orangé & l'alkaly volatil un précipité très-blanc.

Non contens de cette expérience, nous avons eu recours à la distillation, dans l'idée que s'il y avoit dans la Poudre la moindre partie de Sublimé corrosif, il se manifesteroit par la sublimation. C'est pourquoi nous avons mis dans une petite Cornue de verre lutté, quatre gros de la Poudre, la Cornue placée sur les barres d'un fourneau de Réverbere, on y a adapté un Récipient que l'on a exactement lutté. Le feu a été administré par dégrés. Il a passé dans le Récipient quelques gouttes d'une liqueur très-claire, auxquelles ont succédés des vapeurs blanches qui se sont condensées en liqueur : il s'est ensuite élevé au col de la Cornue du Mercure sous la forme ordinaire des globules ; la matiere restante dans la Cornue étoit noire. Le feu a été poussé au point de faire rougir la Cornue. Alors son col s'est garni de taches noires, & la matiere du fonds n'a pas changé de couleur ; mais ayant donné un peu d'air aux jointures par le moyen d'une tubulure que nous y avions pratiquée ; la matiere noire a brûlé comme de l'amadoue, & a pris la couleur d'un Saffran de Mars.

Les vaisseaux refroidis, nous avons trouvé dans le Récipient deux scrupules de liqueur distillée ayant l'odeur du Vinaigre radical le plus concentré. La Cornue cassée, nous avons ramassé les globules de Mercure, qui a pesé près de trois gros. Et la matiere restante dans la Cornue a pesé huit grains, quoique par son volume elle parut devoir en peser quinze ou vingt.

L'odeur du Vinaigre s'étant ſenſiblement manifeſtée dans cette analyſe, nous avons ſaturé la liqueur du Récipient avec de l'Huile de Tartre par défaillance, il s'eſt auſſi-tôt formé à la ſuperficie du mêlange un ſel folié très-blanc, qu'une légere & prompte évaporation a rendu ſemblable à une terre foliée de Tartre bien préparée, du moins à en juger par ſa configuration & la propriété qu'il a de ſe réſoudre en liqueur lorſqu'il eſt expoſé à l'air; car il en differe en ce qu'il blanchit le cuivre, & qu'il laiſſe dans la bouche un goût fade & déſagréable qui ne ſe perd qu'avec peine; ce qui prouve que dans la diſtillation de cette Poudre, l'acide radical du Vinaigre volatiliſe avec lui une portion de Mercure, de même que dans la diſtillation des Criſtaux de Vénus, l'acide du Vinaigre volatiliſe du cuivre.

La terre foliée de Tartre n'étant autre choſe que l'alkaly fixe uni à l'acide du Vinaigre concentré, cette derniere expérience prouve clairement que la préparation de M. Keyſer, eſt un Mercure uni à un acide végétal très-concentré, & vraiſemblablement à l'acide radical du Vinaigre.

Cette union du Mercure à un acide végétal, eſt digne d'attention; elle n'eſt cependant pas auſſi intime que l'union du Mercure avec les acides minéraux, puiſque la moindre chaleur eſt ſuffiſante pour en déſunir les parties. Qu'au contraire la combinaiſon du Mercure avec les acides minéraux, ſur-tout avec l'acide du Vitriol & l'acide du Sel marin, ſouffre un feu aſſez vif dans les vaiſſeaux fermés, ſans ſe décompoſer, & que la feu semble même en unit davantage les parties.

Tels sont exactement les produits que nous a fourni l'Analyse scrupuleuse que Monseigneur le Maréchal Duc de Biron, nous a chargé de faire, en nous remettant lui-même la Poudre de Monsieur Keyser, sur laquelle nous avons fait les expériences dont nous rendons compte, & desquelles il résulte que cette Poudre n'est ni un Turbith minéral, ni un Sel nitreux mercuriel, puisqu'elle ne nous a fourni aucune vapeur d'acide nitreux, ni un Sublimé corrosif, ni un Mercure doux, mais un Mercure uni à l'acide végétal le plus concentré.

Les Dragées qui nous ont été remises en même temps que la Poudre, ne sont autre chose que la Poudre même, dont on a fait une pâte avec de la Manne, & que l'on a divisée en pillules de quatre grains. Fait à Paris, le 8 Juin 1759.

Signé PIAT & CADET.

LYON.

CERTIFICAT & ANALYSE

Faite à Lyon, envoyée à M. Keyser, le 2 Juin 1759, par M. Rey, Maître en Chirurgie.

JE soussigné Maître en Chirurgie de la Ville de Lyon, certifie à qui appartiendra, que depuis trois années que je traite les maladies vénériennes avec le remede de M. Keyser, j'y ai reconnu l'infaillibilité & la commodité avantages,

avantages, qu'il est impossible de rencontrer dans les frictions mercurielles, que j'ose dire connoître autant que qui que ce soit, & que j'avois toujours employé jusqu'alors. Je soutiens de plus que cette méthode, je dis celle des frictions *est longue, accablante; quelquefois dangereuse, & souvent insuffisante, & j'ai gueri avec les dragées de M. Keyser, des maladies si graves, si invétérées, & manquées tant de fois, qu'il m'est impossible de me refuser à l'évidence & douter de sa supériorité, sans manquer à l'honneur, à la justice, & à la vérité. Il est facile de voir que l'on parle de ce Remede sans le connoître. L'unique moyen d'acquérir la connoissance d'un objet est l'analyse de ce même objet, & un examen suivi & de bonne foi, tout jugement fondé sur d'autres principes est dicté par la témérité, ou par des passions encore plus basses. Le Remede de M. Keyser seroit sans contradicteurs si les talens & les nouvelles découvertes n'étoient pas tous les jours exposées aux traits de la cabale; annoncer des vérités, proposer quelque chose d'utile aux hommes: c'est une recette sûre pour être persécuté. J'ai déja traité & gueri plus de cinquante Malades avec ce Remede. Je puis protester en honneur & en vérité, qu'il n'est arrivé à aucun le moindre petit accident, ce sont ici des faits & non des paroles, & je me crois obligé de donner au Public ce Certificat pour rendre hommage à la vérité. A Lyon le 2 Juin 1759. Signé,* REY *Maître en Chirurgie.*

ANALYSE FAITE A LYON.

JE soussigné Maître Apoticaire & Chymiste à Lyon, certifie à qui appartiendra, que j'ai fait l'analyse des Dragées de M. Keyser, dans lesquelles je n'ai trouvé aucun sel corrosif, ni rien qui puisse nuire en aucune façon. En foi dequoi & pour rendre justice à la vérité, j'ai signé, à Lyon ce 2 Juin 1759. Signé, DELPOUNT.

BORDEAUX.

LETTRE & CERTIFICAT

Du Sieur DE LA PLAINE, Chirurgien du Gouvernement, en date du 18 Avril 1759.

AUssi-tôt votre Lettre reçue, Monsieur, & l'avis que vous avez bien voulu donner à vos Correspondans par la voye du Mercure du mois d'Avril dernier; je n'ai rien eu de plus pressé que d'aller porter chez un des premiers Apoticaires & Chimistes de cette Ville, une quantité de vos Dragées, en le priant d'en faire l'analyse la plus scrupuleuse. En conséquence de quoi, j'ai l'honneur de vous envoyer son Certificat par lequel vous verrez qu'il n'a point trouvé ce que les Antagonistes de votre Remede ont imaginé de faire entrer dans sa composition, quant à sa supériorité, aujourd'hui trop reconnue pour que des propos legers & sans connoissance de cause puissent lui faire le moindre tort; elle est incontestable ici, & la Ville de Bordeaux en général a été témoin de cures si belles & si authentiques que j'y ai faites, que je doute que vos ennemis puissent se prévaloir des nouvelles imputations que l'on vous fait injustement. Je finis en certifiant que quant aux effets, il ne m'en est encore résulté que de très-bons, & que je défie à qui que ce soit de me citer sur plus de soixante Malades que j'ai traités ici, aucun qui ait péri entre mes mains, ou qui s'en soit mal trouvé. J'ai l'honneur d'être, &c. Signé, LA PLAINE.

ANALYSE FAITE A BORDEAUX.

JE certifie au Public, à l'Auteur du Traité des Tumeurs & Ulcéres, & à qui il appartiendra; avoir décomposé les Dragées de M. Keyser, & n'y avoir pas trouvé l'ombre de sublimé corrosif, ainsi que l'avance cet Auteur à la fin de son Traité. En foi dequoi, & pour rendre justice à la vérité; j'ai signé, *FALQUET*, Syndic des Apoticaires de la Ville de Bordeaux, & Apoticaire de Monseigneur le Maréchal Duc de Richelieu. A Bordeaux, le 18 Avril 1759.

TOULOUSE.

LETTRE & CERTIFICAT

De M. LABORIE, Maître en Chirurgie, en date du 2 Juin 1759.

JE vous envoye avec plaisir & avec justice, Monsieur, les Certificats que vous désirés. Ils prouveront autant qu'il est possible, que l'usage de vos Dragées, n'a jamais causé aucune espèce d'accident entre mes mains, & qu'au contraire, la plûpart des Malades n'en a éprouvé aucune sensation pendant & après le traitement. Il est bien singulier que vos ennemis vous persécutent sans cesse aussi cruellement & ne craignent point le desaveu de milliers d'ames qui sont en état de sçavoir par eux-mêmes la légereté de ce qu'ils avancent.

JE soussigné, Maître en Chirurgie de la Ville & Sénéchaussée de Toulouse, certifie, & déclare à qu'il appartiendra, qu'ayant traité depuis deux ans environ quarante Malades de tout âge, & de tout sexe, même des enfans très-délicats par l'usage des Dragées anti-Vénériennes de M. Keyser, & que pendant & après le cours du traitement, ces Malades ne se sont jamais plaint d'aucune incommodité qui pût faire soupçonner dans la composition de ce Remede, la présence d'aucune espèce de substance corrosive capable de nuire en aucune façon; ayant eu entr'autres quelques Malades qui ont été obligé d'en faire usage long-tems, & à fortes doses.

Je déclare de plus, qu'ayant décomposé une quantité desdites Dragées par dissolution, filtration & évaporation, je n'ai trouvé dans le residu qu'une poudre grisâtre, dont la pesanteur specifique m'a découvert un mercure prodigieusement divisé, au moyen dequoi j'en conclus avec raison, qu'il n'entre dans la composition de ce Remede, & sur-tout après les effets que j'en ai vu resulter sur plus de quarante Malades que j'ai dejà traité, aucun acide suspect d'une corrosion dangereuse, malgré les efforts injustes que l'on fait pour le persuader au Public. C'est ce que je certifie veritable; en foi dequoi j'ai donné avec plaisir le present Certificat, pour servir & valoir ce que de raison. A Toulouse, le 2 Juin 1759.
Signé, LABORIE, Maître en Chirurgie.

MARSEILLE.

LETTRE

De M. NAUDINAT, Chirurgien, à Marseille.

J'*Avois cru jusqu'ici, Monsieur, qu'après vous avoir envoyé depuis trois ans, tant de certificats de toute nature, & revêtus des signatures les plus authentiques, lesquels ont été successivement inserés dans les différents Mercures qui ont été donnés au public. Il ne seroit plus question de recommencer à prouver des faits qui ne peuvent souffrir aucune espece de contestation. Je ne puis donc que vous repéter tous les comptes que je vous ai toujours exactement rendus, & je certifie à qui il appartiendra qu'ayant traité ici depuis trois ans plus de soixante à quatre-vingt malades, non-seulement il n'en est mort aucun entre mes mains, mais même que je n'en ai vu resulter aucun accident fâcheux, & que je défie vos ennemis & les miens, qui sont également ici en très-grand nombre, de me citer avec vérité aucun fait contraire à ce que j'avance. Que bien au contraire, j'ai rendu ici la vie à quantité de malheureux abandonnés, manqués plusieurs fois par les frictions; sans ressource, & dans des états vraiment dignes de compassion. Vous pouvez si vous jugez à propos, ajouter à ceci les détails que je vous ai précédemment envoyés. Je vous enverrai aussi les analyses que je fais faire par divers Apoticaires d'ici. Et j'ai l'honneur d'être, &c.* Signé NAUDINAT, Chirurgien à Marseille.

STRASBOURG.

LETTRE & ANALYSE

Envoyée par M. LE RICHE, Chirurgien-Major des Hôpitaux Militaires de Strasbourg, en date du 14 Mai 1759.

JE joins ici, Monsieur, un Certificat qui m'a été donné hier par Monsieur Spilmann, Médécin Professeur en Chimie & Botanique de cette Université, & aussi du sieur Michaud, Apoticaire en chef de l'Hôpital Militaire de cette Place; lesquels ont travaillé à décomposer trois onces de vos Dragées prises sur une plus grande quantité que j'ai chez moi, & que vous m'avez envoyées dans son tems. Les diverses expériences qu'ils ont faites, le tems qu'ils ont mis à les faire, leurs talens & la probité qu'on leurs connoit, justifient ainsi qu'ils le disent, qu'il n'y a point du tout de sublimé corrosif dans vos Dragées. J'en étois convaincu d'ailleurs par les bons effets qui en ont résulté entre mes mains. J'ai l'honneur d'être, &c. Signé LE RICHE, Chirurgien Major des Hôpitaux Militaire, à Strasbourg en date du 16 Mai 1759.

CERTIFICAT DE L'ANALYSE
FAITE A STRASBOURG.

NOus soussignés, certifions à qui il appartiendra qu'il nous a été remis par M Le Riche, Chirurgien Major de l'Hôpital Militaire de cette Place, une masse en consistence d'Opiâte solide ; de couleur blanche, tirant sur le jaune, ayant une forte odeur de Vinaigre. Laquelle il nous a dit être celle de laquelle M. Keyser forme ses Dragées Antiveneriennes. Pour nous engager a en faire l'analyse & reconnoître s'il n'entreroit point de sublimé corrosif dans cette composition, & qu'après avoir employé tous les moyens pour y parvenir, nous nous sommes assurés qu'il ne s'y en trouve point. Qu'au contraire, c'est un mercure dissout par un acide végétal. En foi de quoi nous avons délivré le présent Certificat audit sieur Le Riche. Fait à Strasbourg, le 14 Mai 1759. *Signé* SPILMANN, *Professeur &* MICHEAU, *Apoticaire Major de l'Hôpital Militaire.*

GRENOBLE.

LETTRE & MÉMOIRE

Envoyé par M. MARMION, Médecin de l'Hôpital du Roi, en date du premier Juin 1759.

J'AI reçu, Monsieur, la lettre que vous m'avez fait l'honneur de m'écrire, & je n'ai pas perdu un instant pour donner votre remede à décomposer à un des plus habiles Artistes que nous ayions dans ce pays-ci. Il m'a remis ensuite de son opération, un mémoire que j'aurai l'honneur de vous envoyer, & donnera son Certificat lorsqu'il aura vû ce que l'Auteur du Traité des Tumeurs & Ulceres avance contre votre Remede. Les personnes à* *talens se font des jaloux. Cela a été de tout tems. Votre Remede, Monsieur, a acquis une réputation qu'il est difficile de détruire. Pour moi, j'avoue & je déclare, que j'ai lieu d'en être très-content, qu'il m'a jusqu'à présent très-bien réussi, & que je l'ai observé de très près. Il m'est bien revenu aussi que quelques personnes d'ici cherchoient à le discrediter, mais l'expérience & les cures que j'ai faites sont trop connues, pour que ces gens-là puissent y faire le moindre tort.* Signé MARMION, Médécin de l'Hôpital du Roi, à Grénoble.

GENEVE.

LETTRE

De M. GUYOT, Chirurgien de l'Hôpital Général de Geneve, en date du 6 Juin 1759.

L'APOTICAIRE à qui j'ai fait analyser votre Remède Monsieur, m'a assuré qu'il n'y avoit trouvé aucune espéce de sublimé corrosif. Je lui en ai demandé un Certificat qu'il m'a promis; mais il a souhaité que le Remede fût encore examiné par un de ses Confreres. J'ai en consequence prié ce Confrere de l'analyser aussi. Et comme je ne doute pas qu'ils ne soient d'accord, je vous enverai tout de suite leurs attestations. En attendant je vous envoye un Certificat de ma main, dont je crois que vous serez content, & que je dois à la justice & à la verité.

CERTIFICAT DU MESME.

Je soussigné, Maître en Chirurgie, & Chirurgien de l'Hôpital Général de Geneve. Certifie à qui il appartiendra, que j'ai fait usage des Dragées Anti-veneriennes de M. Keyser, sur plusieurs malades de l'Hôpital & autres attaquées de maladies Veneriennes, bien confirmées, que lesdites Dragées, ont produit des effets aussi utiles que les frictions Mercurielles, & qu'elles n'ont causés aux malades sur qui je les ai employées, aucun accident, de quelque nature que ce soit, sauf une legere salivation à quelques-uns, mais moindre que celle qu'il resulte des frictions les mieux menagées. En foi de quoi, j'ai donné le present Certificat à M. Keyser, pour lui servir & valoir. A Geneve le 6 Juin 1759. Signé GUYOT, Chirurgien de l'Hôpital Général.

GAND.

CERTIFICATS

De Messieurs LE CAT, Ancien Chirurgien-Major & Médecin des Hôpitaux de Sa Majesté l'Impératrice Reine, & GOORMACHTIGH, Apoticaire.

Je soussigné Jean-Baptiste Le Cat, Licentié en Medecine, ancien Chirurgien-Major & Medecin actuel des troupes de sa Majesté l'Imperatrice Reine Apostolique, en la Ville & Château de Gand, ayant requis André Daniel Goor Machtigh, Maître Apoticaire & Chimis-

te en ladite Ville de Gand, de faire l'analyse des Dragées du sieur Keyser de Paris, à l'effet de pouvoir découvrir les médicamens dont elles sont composées & particulierement le corrosif, dont quelques-uns disent entrer dans la composition desdites Dragées. C'est qu'après plusieurs experiences faites en ma presence, nous déclarons n'y avoir trouvé aucune indication qui nous puisse faire seulement soupçonner qu'il y entrat dans la composition desdites Dragées, la moindre partie de sublimé corrosif non plus que par les effets desdites Dragées. A Gand, ce 17 *Mai* 1759. Signé J. B. LECAT, ANDRE' GOORMACHTIGH.

ANVERS.

LETTRE

De M. P. J. HOILLARTZ, Chirurgien d'Anvers, en date du 9 Mai 1759.

J'Ai l'honneur de vous informer, Monsieur, que j'ai fait dissoudre de vos Dragées chez l'Apoticaire Thomas, & qu'il m'a dit pour vrai, qu'il n'a trouvé le moindre sublimé dans vos Dragées, mais bien le mercure vif extrêmement divisé & dissous dans un acide végétal, par conséquent rien qui puisse nuire à l'homme. Signé, P. HOILLARTY.

Depuis la composition de cet Ecrit, il m'est arrivé encore une quantité d'autres Certificats, que je supplierai Monseigneur le Maréchal de Biron, de vouloir bien faire remettre à Messieurs de l'Académie, avec plus de cent autres, que j'ai inserés dans son temps dans les Mercures de France, afin que la vérité & la réalité de ces Certificats soient authentiquement constatée.

CERTIFICAT

De M. Daste, Maître en Chirurgie, à l'occasion de deux Cures qu'il a voulu tenter nouvellement avec mon Remede, pour sçavoir à quoi s'en tenir sur la réalité de ses bons effets.

Je soussigné, Maître en l'Art & Science de Chirurgie, & Membre de l'Academie Royale du College de S. Cosme. Certifie avoir traité & gueri radicalement un homme & son épouse d'une V *. bien constatée par les symptômes exterieurs & des plus graves, avec douleurs universelles & insomnies; par la methode & avec les Dragées de M. Keyser; & pour être plus convaincu d'une parfaite guerison, j'ai differé de donner le present Certificat de trois mois & plus après la guerison, & je n'ai observé aucun accident fâcheux arrivés auxdits Malades pendant l'usage du Remede, au moyen de quoi j'estime qu'il peut guerir aussi radicalement que par l'usage des frictions ordinaires, & que la facilité d'en user doit lui donner la préférence; en foi de quoi j'ai donné le présent Certificat. A Paris, le 2 Juillet 1756.*
Signé, Daste.

DEUXIÉME IMPUTATION sur les effets du Remede.

L'Anonyme, ainsi que tous ceux qui m'ont attaqués jusqu'ici, lesquels, malgré qu'il dise que tout Paris s'éleve contre mon Reméde, se réduisent aux sieurs Thomas, Dibon & Ménager, prétend que ce Remede cauſe les effets les plus dangereux, qu'il excite des nauſées, des coliques, des inflammations, fait des ravages affreux, énerve, détruit la poitrine, l'eſtomac ; fait enfin des ravages horribles ; il dit avoir des faits qui le prouvent, il n'en cite aucun. A cela je n'ai d'autre choſe à répondre, ſinon qu'il eſt bien malheureux que ce ne ſoit que l'Anonyme ſeul qui ait de ces faits à produire ; que je ſuis prêt de lui préſenter les trois à quatre cens Soldats que j'ai traités & guéris ; des centaines d'autres malades ; ma correſpondance établie avec plus de ſoixante des plus habiles Médecins & Chirurgiens du Royaume : qu'il verra par lui-même qu'il n'eſt arrivé aucun accident à perſonne ; qu'il pourra interroger tous les Malades que je lui préſenterai, & qu'il lui ſera aiſé de reconnoître s'il y a de la vérité ou non dans ce que je lui avance, ou s'il y a de l'injuſtice dans ce qu'il ſuppoſe.

Secondement, que comme il ne ſuffit pas de dire que l'on a des faits, ſans les prouver, je ſuis en droit d'en douter, par la raiſon qu'il eſt impoſſible qu'un Remede auſſi innocent que le mien, que je donne tous les jours à des enfans à la mammelle, à des femmes enceintes, & à des malades attaqués de la poitrine, & qui tous s'en trouvent bien, puiſſe cauſer de pareils accidens. L'Anonyme pourroit me mettre vis-à-vis des Malades qui ſe plaignent. Il ne doit pas craindre de les compromettre, non plus que lui, à l'égard du ſecret, puiſque ce ſont des perſonnes qu'il dit que j'ai traités. Il y a plus : c'eſt que j'affirmerai encore que bien loin de cauſer ces prétendus accidens, mon Remede guérit tous les jours, au grand étonnement de tout le monde, des maladies Vénériennes compliquées de Scorbut ; phénomene d'autant plus étonnant, que tous les gens de l'Art ſçavent que le Mercure irrite cette maladie plutôt que d'y porter aucun ſoulagement. Je prouverai à ce ſujet ce que j'avance, & Meſſieurs Faget, du Fouard, Guérin, & beaucoup d'autres, voudront bien me rendre juſtice à cet égard, en appuyant les preuves de leurs Certificats.

Troiſiémement, j'ajouterai, que comme je viens de démontrer aſſez clairement, qu'il ne ſubſiſte pas de Sublimé corroſif dans le Remede, l'imputation tombe d'elle-même, & eſt hazardée non-ſeulement pour la compoſition, mais même pour les effets, par la raiſon qu'il n'eſt pas poſſible que le Mercure ſeul, uni à des mêlanges innocens, puiſſe occaſionner des effets pernicieux ; & j'en appelle à tous les gens de l'Art, exempts de partialité & amis de la vérité.

Je finirai cet Article en disant, qu'il peut très-bien se faire que certains Malades soient en général de mauvaise foi sur la nature de leurs maux & de leurs traitemens ; qu'il ne faut pas toujours s'en rapporter à ce qu'ils disent, souvent par partialité, & quelquefois pour éluder les payemens auxquels ils se sont engagés ; qu'il en est qui imaginent sur-tout que c'est faire leur cour aux personnes à qui ils vont donner leur confiance, que de porter les plaintes les plus injustes & les moins réelles contre ceux qui les ont précédemment traités ; quelques-uns qui exagerent des douleurs qu'ils n'ont jamais ressenties ; d'autres enfin qui, ayant eu des maladies très-compliquées & n'ayant pas guéri de diverses douleurs vagues & rhumatismales, s'imaginent toujours être attaqués d'un vice vénérien qu'ils n'ont plus, & ne sont très-souvent malades que d'imagination. L'Anonyme, je crois, conviendra de cette vérité, & j'ose l'assurer que si je voulois me servir des armes victorieuses que j'ai à ce sujet, ainsi que des offres que l'on m'en fait tous les jours ; c'est-à-dire, si je voulois faire une Relation Historique d'un millier de faits &

d'imputations injurieuſes que les Malades font contre tous ceux dont ils ont crû avoir lieu de ſe plaindre, lorſqu'ils ſont venus me trouver pour derniere reſſource ; j'oſe l'aſſurer, dis-je, que l'Anonyme lui-même, & beaucoup d'autres, ſeroient certainement dans le cas d'être de mon avis ; quant aux prétendus accidens. Je conviendrai qu'il peut ſe rencontrer, quoique fort rarement, des tempéramens aſſez délicats pour que le Remede, ſur-tout ſi on l'abandonne à la diſcrétion des Malades, ou ſi ces mêmes Malades ſe portent à quelque excès, faſſe quelque impreſſion, c'eſt-à-dire, cauſe quelques légeres envies de vomir, ou petits mouvemens de colique. Événemens ſimples & naturels qui ſeroient dans les mêmes cas occaſionnés par les plus ſimples purgatifs ; mais je ſoutiendrai en même tems, que ces accidens ſeront toujours très-rares, très-légers, & ſeulement momentanés. Qu'un ſeul lavement ou deux onces de manne emporteront ces légeres douleurs ; & que ſi ces accidens ſe manifeſtent quelquefois en faiſant uſage de mes Dragées, ils ſont, pour l'ordinaire, bien plus fréquens lorſqu'on employe les frictions. Il n'y a point de Médecins ni de Chirurgiens, un peu verſés dans le traitement des Maladies Vénériennes, qui ne rencontrent quelquefois de ces sortes de tempéramens singuliers, que les frictions mettent à la mort, & que par ce moyen l'on ne peut guérir : je puis même dire avec vérité que j'ai eue entre mes mains plusieurs de ces Malades qui doivent la vie à l'usage seul de mes Dragées ; lesquelles ont opéré ce qu'on n'avoit pû obtenir des frictions par la violence des accidens qu'elles entraînoient avec elle.

TROISIÈME IMPUTATION sur l'insuffisance du Remede.

L'Anonyme prétend ensuite que mon Remede n'est que palliatif, & qu'il est absolument insuffisant pour la cure des Maladies Vénériennes, quoique ces suppositions, sur une chose que l'on n'a point examinée, & que l'on ne connoît pas, soient encore bien injustes ; je ne puis également y répondre que par des faits. Je traite depuis quatre ans publiquement : je ne sçache point avoir manqué de malades, sur-tout de ceux que j'ai traités par moi-même, & à qui j'ai promis de guérir le vice vénérien qui pouvoit être le dominant. Personne n'est venu se plaindre

que

que je l'eusse manqué. Les quatre cens Soldats que je cite, sont revus & examinés d'année en année ; ils existent, & leur guérison se soutient. Or l'Anonyme conviendra au moins que la présomption est, à tous égards, plus favorable que désavantageuse, & que c'est au temps seul, lorsque les Malades continuent de se bien porter, à décider de la guérison ou de la cure palliative.

A l'égard des puérilités de fabrique que l'Anonyme me reproche, comme de m'enfermer dans mon cabinet, d'employer de la manne, du sucre, du vinaigre, de faire une pâte, de former des Dragées avec un cornet. Ce secret qui est connu de tous les Confiseurs, ne me paroît mériter aucune considération, & quoiqu'assurément ce ne soit pas moi qui m'en occupe, je supplie l'Anonyme de me dire, si la manne, le sucre, le vinaigre, peuvent causer quelques dangers, & pourquoi il trouve mauvais que j'employe des matieres aussi innocentes.

Quant à mon secret, lequel on ne sçauroit, dit-il, trop suivre & trop examiner, je l'ai déjà dit, & le répeterai toujours, mon Remede n'est point un secret, mais l'art d'épurer & de diviser le Mercure d'une façon inconnue jusqu'ici, & tellement que je défie qui que ce ſoit d'en porter l'épuration & la diviſion au degré où je l'ai porté. Or, cet art, un temps conſidérable que j'y mets, des machines immenſes, voilà tout mon ſecret.

Le zele patriotique qui a excité l'Anonyme à condamner mon Remede, eſt le même qui m'anime. Tous deux nous avons pour but la conſervation des hommes. Je les traite, je les guéris, & je le prouve. Mon Remede eſt plus sûr que les frictions, beaucoup plus commode, & ſujet à bien moins d'inconvéniens. Je ne m'aveugle point. Les perſonnes qui me protégent voyent mes actions & ma conduite. Ils jugent par les faits. Ils ſont contens, mes Malades le ſont auſſi ; & cela ſuffit pour ma juſtification.

La connoiſſance que j'ai des frictions que j'ai exercées pendant vingt ans. Les dangers que j'en connois, m'ont toujours fait deſirer qu'il pût ſe trouver des moyens moins cruels. C'eſt pour y parvenir, qu'avec quelque talent de travailler le Mercure, j'en ai fait les eſſais. Juſqu'ici je crois avoir atteint le but de plus près. J'ai fait de mon mieux ; je ne puis lever des préjugés que l'intérêt fait naître, & que l'erreur ſoutient. J'ai invité tout Paris à venir à mon Hôpital, toutes les perſonnes qui y ſont venues me rendent juſtice. L'Anonyme n'a pas daigné y venir voir la vérité ; qu'ai-je pû faire de mieux ? & comment pouvois-je faire autrement ?

L'Anonyme ajoute que je veux envahir cette partie de la Médecine. J'ose encore l'assurer que ce n'a jamais été mon intention. Que je n'ai rien de caché pour tous ceux qui veulent voir mes opérations : que mon Remede n'étant point un secret, ainsi que je viens de le dire, il n'a de mérite qu'une préparation particuliere, & l'art de diviser à l'infini le Mercure par le mouvement seul. Que j'espere un jour démontrer cette opération, & la rendre publique ; qu'il est cependant vrai que n'ayant cessé depuis vingt ans d'employer toute ma fortune à chercher les moyens de perfectionner mes découvertes, que venant encore de faire à cet effet des dépenses très-considérables en machines, que le célébre M. de Vaucanson a bien voulu me faire, j'ai cru qu'il paroîtroit juste aux yeux de tout l'Univers, qu'en faisant le bien, & me renfermant dans les bornes de mon état, qui consiste à traiter & guérir la seule Maladie Vénérienne, je pusse, au moins pendant quelque tems, retirer le fruit de mes travaux.

Personne ne peut, j'ose le dire, me refuser la justice d'avouer, que je n'aye étendu mes charités, même au-delà de mes forces. Je n'ai encore refusé aucun de ces malheureux que l'indigence réduit au désespoir, & met dans le cas de périr. Il n'est aucun de mes Correspondans à qui je n'aye envoyé du Remede pour être administré *gratis* aux pauvres dans toutes les Provinces. Je puis prouver tout cela par plus de deux mille Lettres, que je suis prêt de déposer où l'on voudra. Enfin, Monseigneur le Maréchal Duc de Biron, qui veut bien être cité, & qui connoît la vérité de tout ce que j'avance, daignant m'accorder le Certificat ci-joint : il m'est impossible, je crois, de prouver au Public, avec plus d'authenticité, que je ne lui en ai jamais imposé en rien. Cet illustre Protecteur a le secret de mon Remede. Il l'a fait faire sous ses yeux par Messieurs Bourbelain & Dieuzayde, Maîtres en Chirurgie, possesseurs du Remede. Il l'a fait administrer sous ceux de M. Guérin, Chirurgien Major des Mousquetaires ; & dans son temps, sous ceux de Messieurs Faget & Dufouard. Il n'a cessé jusqu'à présent de contribuer, non-seulement au soulagement de ses Soldats, mais même à celui de leurs femmes, enfans, & de quantité de particuliers indigens. Il sçait que j'y contribue aussi pour le Remede, dont je n'exige rien. Il voit mes opérations & mes dépenses : il connoît mes vûes ; au moyen de quoi, s'il est vrai qu'il a été très-heureux pour moi de trouver un aussi puissant Protecteur, il est aussi vrai de dire que l'humanité en général, & tous les Citoyens en particulier, partagent avec moi le bonheur de lui devoir leur salut & leur conservation.

CERTIFICAT

De Monseigneur le Maréchal Duc de BIRON, Pair de France, Colonel des Gardes Françoises.

NOUS Duc de Biron, Pair, & Maréchal de France, Chevalier des Ordres du Roi, Colonel de son Regiment des Gardes Françoises, certifions à qui il appartiendra, que tout ce que le sieur Keyser expose & avance dans l'Ecrit ci-joint, servant de défense aux nouvelles accusations qui lui ont été faites, est dans la plus exacte vérité, que nous avons pris la connoissance la plus scrupuleuse & attentive de tous les faits qu'il y détaille, & que nous en avons en main les Pieces originales; que n'ayant jamais eu sur cet objet, que le bien de l'humanité en vûe, & la conservation des hommes que nous perdions précédemment en grand nombre; ce n'a été qu'après beaucoup d'épreuves multipliées & des cures reconnues bien authentiques, que nous avons crû ne pouvoir lui refuser notre protection, que pour nous assurer d'avantage de la vérité, nous n'avons pas dédaigné de nous transporter très-souvent à notre Hôpital, pour être présent, tant à la reception des Malades qu'à leurs sorties; que nous nous y sommes fait accompagner par des gens de l'Art habiles, tant en Medecine qu'en Chirurgie, capables de juger de l'état & de la guerison de nos Malades, & sur-tout gens d'une probité reconnue & amateurs de la vérité; que nous avons fait faire chaque année les visites les plus scrupuleuses de tous les Soldats que le sieur Keyser nous a déjà gueris depuis trois à quatre ans, qu'il n'en est pas mort un seul entre ses mains, qu'ils existent tous & jouissent actuellement de la meilleure santé, tant à St Omer qu'ailleurs. Qu'il n'est pas vrai que l'on se plaigne ouvertement de ce Remede dans le Regiment des Gardes, à moins que ce ne soient des gens mal intentionnés, ou dont on ait mal-à-propos seduit la confiance; que l'on n'a jamais forcé aucun Soldat de venir à notre Hôpital, ni engagé aucun Capitaine à y en envoyer: & que ces Officiers les y envoyant successivement, il est aise de voir qu'ils sont très-éloignés de s'en plaindre; que l'on ne nous trompe n'y ne pourroit nous tromper à cet égard, puisqu'indépendamment des yeux éclairés & sûrs, dont nous nous servons, nous avons porté jusqu'ici la plus grande attention à voir par les nôtres. Qu'enfin tant que nous ne cesserons de voir résulter des avantages aussi considérables pour le bien & la conservation des Troupes du Roi qui sont sous nos Ordres; nous croyons qu'il sera de notre justice, de notre zèle patriotique & de notre amour pour l'humanité, d'accorder une protection entiere à l'Auteur de tous ces avantages. En foi de quoi, nous avons délivré le présent Certificat signé de notre main, pour servir & valoir ce que de raison. A Paris, le 23 Juin 1759.

LE MARECHAL DUC DE BIRON.

CERTIFICAT

De M. GUERIN, Chirurgien-Major de la ſeconde Compagnie des Mouſquetaires.

JE ſouſſigné, Chirurgien-Major de la ſeconde Compagnie des Mouſquetaires, & de l'Hôpital du Régiment des Gardes Françoiſes, certifie que depuis l'établiſſement dudit Hôpital, j'ai exactement préſidé à tous les traitemens des Soldats, qui s'y ſont faits depuis la fin de l'année 1756 : que j'ai fidellement fait tenir Regiſtre & conſtater leurs états, tant en y entrant qu'en ſortant ; que tant que Meſſieurs Faget & Duſouard ſe ſont trouvé à Paris, ils ont, ainſi que moi, exactement ſuivi les Malades, & en ont également ſigné les entrées & les ſorties ; que tous ont été parfaitement guéris ; qu'aucun des Malades juſqu'à ce jour n'a eu le moindre accident quelconque. Qu'au contraire, il y eſt entré pluſieurs Malades, les uns crachant du pus, d'autres du ſang, leſquels, malgré ces états fâcheux, n'ont éprouvé aucun inconvénient de la part du Remede, & ſont ſortis bien guéris, & parfaitement rétablis. Je certifie de plus, que nous avons fait pluſieurs revues générales des Malades traités audit Hôpital, d'année en année, & que nous avons toujours trouvé les guériſons conſtantes & ſolides. A Paris, le 14 Juillet 1759.

GUERIN.

RÉSULTAT.

Le Public est prié d'observer, qu'indépendamment des Certificats que j'ai l'honneur de lui présenter dans cet écrit, je n'ai cessé depuis près de trois ans, d'en inserer une infinité dans tous les *Mercures* de France, que presque toutes les principales Villes du Roïaume, ont fait des épreuves authentiques, que les principaux Magistrats ont attesté la vérité des cures, & des bons effets du Remede; qu'il ne peut y avoir de brigue ni de faveur dans des faits attestés aussi généralement. Que jamais Remede n'a été exposé à tant d'épreuves & de contradictions; que je fais aujourd'hui mon dix-neuviéme traitement consécutif à l'Hôpital du M. le Maréchal de Biron, qu'il n'est pas possible de rendre des comptes plus exacts & plus fidéles que ceux que j'ai rendus jusqu'ici. Que c'est avec la plus grande douleur, que je vois qu'il est perpétuellement des gens assés peu curieux de la vérité, ou injustement prevenus contre le Remede, pour chercher à l'écraser, tandis qu'il est sans contredit le plus grand qui soit aujourd'hui dans la Médecine pour les Maladies Vénériennes, qu'il est bien leger d'avancer qu'il entre dans sa composition, du sublimé corrosif, tandis qu'il n'en entra jamais l'ombre, qu'il est bien injuste de lui supposer les effets les plus dangereux, lorsqu'il n'en est jamais résulté aucun accident, & que toute la France, pour ainsi dire, le certifie. Qu'enfin après les témoignages ci-joints, & plus de trois cens autres qu'on peut voir, ainsi que je viens de le dire dans les Mercures, depuis la fin de l'année 1756. Non-seulement des cinquante-six personnes dont je donne ici les noms; mais même des différens Magistrats, Médécins & Chirurgiens appellés aux différentes épreuves faites partout. Il faut nécessairement que mes Ennemis se mettent en état ou de prouver à toutes ces personnes, qu'elles sont des imposteurs ou des visionnaires ou a moi, qu'il faut être bien impudent pour m'appuyer de leurs témoignages alternative que je ne crains pas, puisque tous les Certificats que j'avance, sont entre les mains de Monseigneur le Maréchal de Biron. Je puis assurer encore le public, que non-seulement, je n'ai jamais mandié le moindre de ces Certificats, mais même que je ne connois pas le quart de toutes les personnes que je cite, & que je ne leurs ai jamais demandés, que ce que l'honneur, la justice &

la vérité pouvoient exiger d'eux.

Je finirai cette reponse, en suppliant l'Anonyme, de vouloir bien écarter pour quelque tems les idées défavorables qu'il témoigne avoir de ce Remede, qu'il ne connoît certainement pas. De me permettre de lui faire voir la vérité de ce que je viens de lui avancer & pour y parvenir, je prens la liberté de lui offrir.

1°. De lui porter les originaux de tous les Certificats qui m'ont été donnés.

2°. De lui présenter les quatre cens Soldats que je dis avoir traités & guéris, pour subir son propre examen.

3°. De lui déposer ma correspondance composée de plus de deux mille lettres, établie & suivie avec plus de soixante des plus habiles Médecins & Chirurgiens du Royaume. Enfin, je ferai plus, je lui offre de traiter sous ses yeux & ses ordres, douze malades qu'il voudra bien faire choisir lui-même, dans les Hôpitaux de Bissêtre, où ailleurs. Pour le traittement desquels, Monseigneur le Maréchal Duc de Biron, consent de prêter son Hôpital, tant pour la commodité des malades, que pour celle même de l'Anonyme qui pourra, s'il le juge à propos, s'y transporter plus facilement. Je lui offre encore de les traiter à mes frais & dépens. De ne pas donner une seule Dragée à ces malades qu'en sa présence, où celle des personnes qu'il sera le Maître de nommer pour éclairer ma conduite, enfin de prendre en tout, & pour tout, ses ordres à cet égard. Aux conditions cependant, qu'il voudra bien permettre qu'il y assiste pareillement des Commissaires nommés par Monseigneur le Maréchal de Biron, qui ainsi que les siens, ne donneront aucune espece de Remede aux malades, afin que tout soit dans la plus grande regle, & que la vérité puisse enfin se manifester.

LISTE

De Messieurs les Docteurs en Médecine, & Maîtres en Chirurgie, qui ont jusqu'à ce jour reconnu & certifié l'efficacité & l'innocence du Remede de M. Keyser, les uns pour l'avoir vû administrer par l'Auteur, & en avoir vû opérer un grand nombre de guérisons, les autres pour l'avoir administré eux-mêmes avec succès.

PARIS.

Messieurs,

Petit, *Premier Medecin de Monseigneur le Duc d'Orleans.*

Boyer, *Chevalier de l'Ordre du Roi, Doyen de la Faculté.*

Casamajor, *Docteur en Medecine.*
Bordeu, *Docteur en Medecine.*
Petit, fils, *Medecin ordinaire de Monseigneur le Duc d'Orleans.*
Ferret, *Docteur en Medecine.*
Lavirotte, *Defunt.*
Vandermonde, *Docteur en Medecine.*
Desaisy, *Idem.*

MAITRES EN CHIRURGIE.

MESSIEURS,

Morand, *Chevalier de l'Ordre du Roi, de l'Academie des Sciences, &c.*
Guerin, *Chirurgien-Major des Mousquetaires.*
Faget, *Chirurgien-Major des Gardes-Françoises.*
Dufouard, *Chirurgien-Major des Gardes Françoises.*
Garengeot, *Professeur & Démonstrateur Royal en Chirurgie.*
Daste, *Maître en Chirurgie.*
Marlot, *Maître en Chirurgie.*

PROVINCES.

DOCTEURS EN MÉDECINE.

Messieurs,

Marmion, *Médecin de l'Hôp. du Roi,* à Grenoble.
Rigal, *Docteur en Médecine,* . . . à Montauban.
Fressiniat, *Idem.* . . . . à Limoges.
Le Cat, *Médecin des Hôpitaux militaires,* à Gand.
Piers, *Docteur en Médecine,* . . . . à Troyes.
Sabliere, *Idem.* . . . . à Romans.
Goupil, *Id.* . . . . à Argentan.

Morin, *Id.* . . . . à S. Pierre-ſur-Dive.
Seb. xx., *Id.* . . . . à S. Malo.
Mauger, *Id.* . mort. . . . . . . à Dieppe.
Razoux, *Id.* . . . . à Nîmes.

Chirurgiens-Majors des Hôpitaux et des Régimens.

Meſſieurs,

Le Riche, *Chirurgien-Major des Hôpitaux militaires*, à Straſbourg.

Montant, *Chirurgien-Major de S. M. le Roi de Pol.* à Lunéville.

Molitard, *Chirurgien-Major du Régim. de Bretagne*, à l'Armée.

Delan, *Chirurgien-Major du Régiment de Breſſe*, en Bretagne.

Giot, *Chirurgien-Major du Régiment d'Artois*, en Flandres.

Demontreux, *Chirurgien-Major des Hôpitaux*, à Breſt.

De la Haye, *Chirurgien-Major des Hôpitaux*, à Rochefort.

Michel, *Chirurgien-Major des Vaiſſeaux du Roi*, à Nantes.

Maitres en Chirurgie.

Meſſieurs,

Rey, *Maître en Chirurgie*, ... à Lyon.
Marel, *De l'Académie des Sciences*, . . à Dijon.
Dupont, *Démonſtrateur Royal*, . . . à Rennes.
Juſſy, *Idem.* . . . . à Beſançon.
Varocquier, *Id.* . . . . à Lille.

Laborie, *Id.* . . . . à Toulouse.
Bousquet, *Id.* . . . . à Metz.
Guillon, *Id.* . . . . à Orléans.
Lepage, *Id.* . . . . à Caen.
Desmoulins, *Id.* . . . . à la Rochelle.
Guyot, *Id.* . . . . à Genêve.
Finks, *Id.* . . . . à Genêve.
Mitier, *Id.* . . . . à Nîmes.
Meric, *Id.* . . . . à Rheims.
Boissier, *Id.* . . . . à Montpelier.
Hoüartz, *Id.* . . . . à Anvers.
Beauvens, *Id.* . . . . à Bruges.
Merande, *Id.* . . . . à Lizieux.
Naudinat, *Id.* . . . . à Marseille.
Laplaine, *Id.* . . . . à Bordeaux.
Lequay, *Chirurgien de S. A. S. M. le Marggrave*, à Bayreuth.

POST-SCRIPT.

J'apprens dans le moment, que l'Anonyme ayant voulu approfondir la vérité, & reconnu qu'il avoit été trompé sur la composition du Remede, en avoit fait faire lui-même l'analyse, & qu'ayant été convaincu qu'il n'y entroit pas de sublimé corrosif, il avoit projeté de s'en retracter.

Je ne suis aucunement étonné de ce procédé généreux de sa part. Je n'ai jamais douté de sa justice & de sa probité. Personne ne respecte plus que moi ses lumieres, & la haute réputation dont il jouit à tant de titres. Mais je crois devoir le prévenir, que quelques-uns de ses amis portent à sa réputation une atteinte cruelle, vrai-semblablement par haine & animosité contre moi, & qu'ils tiennent à ce sujet, des propos dont je suis bien persuadé qu'il ne fut jamais capable. Ces propos sont, de dire qu'il n'a eu d'autre dessein, en feignant de croire, & en insinuant, que mon Remede étoit composé de sublimé corrosif, que de m'arracher mon secret par des analyses forcées, & de me faire donner de ma Poudre, que c'étoit un piége qu'il me tendoit expressément, que j'y suis tombé, que par ce moyen, il a actuellement le secret de mon Remède, & qu'il va le rendre public, &c. Ces moyens, qui comme je viens de le dire, sont certainement peu dignes de lui, & de tout galant homme, ne peuvent faire aucune impression sur moi. Dailleurs, je puis certifier encore avec toute la vérité dont je suis capable, & j'offre de le prouver quand il en sera tems; que c'est de la part de mes adversaires une nouvelle erreur, d'imaginer qu'ils ayent trouvé mon Remede, & qu'ils ne sont pas plus avancés pour sçavoir les principes de la composition que j'admet volontiers, qu'ils ne l'étoient auparavant. Qu'en conséquence, ils peuvent tant qu'ils voudront, essayer d'en faire la composition : s'en servir même pour traiter des Malades, & qu'ils auront toujours la douleur de les voir me revenir, parce qu'ils ne les guériront certainement pas. Je suis encore en droit, d'ajouter qu'il est bien singulier, qu'en disant toujours tant de mal de ce Remede, ils ayent tant de vivacité, & employent autant de moyens pour le découvrir, ce n'est pas s'accorder avec eux-mêmes, car il est clairement démontré, par leurs attaques, leurs écrits continuels, & les mouvemens qu'ils se donnent, qu'il faut nécessairement qu'ils lui reconnoissent de la supériorité, puisqu'ils ont tant d'envie de me l'enlever.

FIN.

www.ingramcontent.com/pod-product-compliance
Ingram Content Group UK Ltd.
Pitfield, Milton Keynes, MK11 3LW, UK
UKHW012111240726
13965UKWH00004B/1707